Los animales del mundo

Caroline Young

Ilustraciones:
Ian Jackson

Diseño:
Andy Dixon

10,00

Directora de la colección:
Felicity Brooks

Asesores científicos:
Dra. Margaret Rostron
Dr. John Rostron

Traducción: Mónica Tamariz

En las páginas 32 y 33 verás cómo los escincos de lengua azul se libran de sus enemigos.

La ballena azul es el animal más grande de la Tierra. Búscala en las páginas 34 y 35.

El jardín está lleno de vida. En las páginas 36 y 37 verás a sus habitantes.

En las páginas 38 y 39 hay cerdos, cochinitos y otros animales.

Los camarones limpiadores viven en la Gran Barrera de Coral australiana de las páginas 30 y 31.

El tigre caza en las densas selvas de la India. En las páginas 28 y 29 encontrarás otros animales que también viven allí.

Los leopardos de las nieves cazan en la alta montaña. En las páginas 26 y 27 averiguarás dónde viven.

Las estrellas de mar viven en las costas. En las páginas 24 y 25 verás otros animales costeros.

La ardilla es uno de los animales que habitan en bosques como el de las páginas 22 y 23.

Los veloces guepardos tienen su hogar en las vastas llanuras africanas de las páginas 20 y 21.

Sumario

Introducción

Este animal se llama Stegosaurus. En las páginas 4 y 5 encontrarás otros dinosaurios.

Este es un libro para aprender y para jugar. No sólo aprenderás muchas cosas interesantes sobre más de 300 especies de animales, también podrás jugar a tratar de encontrar su paradero. Aquí tienes algunas pistas que te servirán de ayuda.

Las mofetas hacen sus madrigueras en los bosques de coníferas de las páginas 6 y 7.

En cada escena hay unos cien animales. En la vida real no habría tantos animales juntos en el mismo sitio.

En los márgenes de las páginas verás otros dibujos más pequeños de los mismos animales.

El texto que los acompaña dice cuántos animales de esa especie se encuentran en la escena principal.

Las águilas calvas americanas planean sobre los pantanos de las páginas 8 y 9.

A las tarántulas les gusta el calor. Viven en el desierto de Sonora de las páginas 10 y 11.

Este cuerno de jirafa cuenta como una jirafa.

Aunque la haya matado una leona, esta cebra también cuenta.

Cuenta también a la cría del babuino.

No te olvides de contar a los elefantes del fondo.

El juego consiste en encontrar todos los animales. Algunos saltan a la vista, pero otros son muy pequeños o se encuentran camuflados. También hay páginas con otros juegos.

Si te rindes, en las páginas 40-45 están todas las respuestas. Tu puntuación total incluirá los animales que hayas encontrado en todas las ilustraciones.

Los osos polares viven en el Ártico. En las páginas 12 y 13 podrás descubrir a sus vecinos.

Los camellos viven en el tórrido desierto del Sáhara. A ver si encuentras más en las páginas 18 y 19.

Los perezosos se ocultan con facilidad en las densas selvas tropicales de las páginas 16 y 17.

En las páginas 14 y 15 aprenderás cosas acerca de los pulpos y de otros animales marinos.

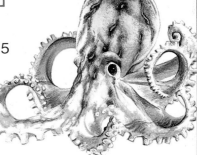

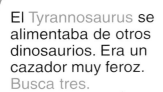

El Tyrannosaurus se alimentaba de otros dinosaurios. Era un cazador muy feroz. Busca tres.

El Pteranodon volaba gracias a sus alas de piel. Encuentra dos más en el dibujo.

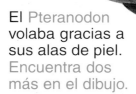

El Parasaurolophus tenía un tubo óseo hueco en la cabeza. Busca tres.

El Struthiomimus se parecía un poco a una avestruz, pero sin plumas. Encuentra siete.

La prehistoria

El Alamosaurus vivía en terrenos pantanosos y se alimentaba de plantas. Busca dos.

Hace setenta millones de años, una parte de Norteamérica probablemente tenía el aspecto de este paisaje. En ella vivían unos animales llamados dinosaurios. En este dibujo hay 51 animales. Intenta encontrarlos todos.

El Pachycephalosaurus tenía la testuz dura y abultada y se defendía de sus enemigos a cabezazos. ¿Ves tres?

Los Maiasauras ponían sus huevos en nidos. Busca un Maiasaura.

Deinosuchus significa "cocodrilo terrible". Busca dos.

El Styracosaurus tenía una cresta ósea alrededor del cuello. Busca uno.

El Ankylosaurus meneaba su cola ósea como si fuera una maza. Busca dos.

El Quetzalcoatlus era un pterosaurio o "lagarto volador" del tamaño de una avioneta. A ver si encuentras dos.

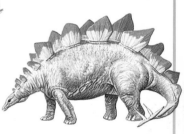

El Stegosaurus tenía unas placas óseas a lo largo de la columna vertebral para protegerse de sus enemigos. Busca dos.

El Panoplosaurus estaba cubierto de pinchos y espinas. Busca cinco.

El Anatosaurus tenía una especie de pico en lugar de boca. ¿Puedes encontrar tres?

El Corythosaurus tenía una cresta ósea hueca en la cabeza. Cuenta cuatro.

A pesar de su aspecto fiero, el Triceratops pasaba la mayor parte del tiempo comiendo. Busca dos.

El Dromaeosaurus clavaba sus afiladas garras en sus enemigos. Busca seis.

5

El bosque de coníferas

Las mofetas rocían con un líquido maloliente a sus enemigos. Busca tres.

Al oso negro americano se le da muy bien subirse a los árboles. Busca cuatro osos.

Las liebres americanas tienen las patas peludas para poder correr por la nieve durante el invierno. Busca seis.

La bonita piel del lince le sirve para camuflarse entre las sombras. Encuentra tres.

El gallo de los abetos se alimenta de las hojas y los brotes de un abeto llamado picea. Busca cuatro gallos.

Los glotones deben su nombre a que son unos animales muy comilones. Busca tres.

La región que comprende el norte de los Estados Unidos y Canadá está cubierta de bosques de coníferas, que son árboles de hoja perenne. En estos bosques no vive mucha gente, pero sí muchos animales. ¿Serás capaz de descubrir 80?

Las martas americanas son animales muy veloces y fieros cazadores. Busca tres martas.

Las ardillas listadas comen durante el verano y duermen durante todo el invierno. Busca ocho.

El alcaudón real pasa el día alimentando a sus crías. Cuenta dos.

El búho chico tiene en la cabeza dos penachos de plumas. Busca cuatro.

Los castores pueden talar árboles con sus afilados dientes. Busca ocho castores.

Los piquituertos tienen el pico curvo para extraer los piñones de las piñas del abeto. Busca dos.

Los alces pueden caminar por el agua con sus patas largas y finas. Busca seis alces.

La marta pescadora ataca al puerco espín mordiéndole en el vientre, donde no tiene espinas. ¿Ves cuatro?

Los osos pardos enseñan a los oseznos lo que deben comer. Busca dos osos y un osezno.

Las ardillas voladoras planean de un árbol a otro. Encuentra cinco.

Los pumas tienen el pelo del mismo color que el león. Busca tres.

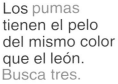

Las águilas pescadoras se lanzan en picado al agua para pescar. Busca tres.

Los puerco espines tienen el cuerpo cubierto de púas. ¿Ves tres?

El visón camina sigilosamente por el bosque en busca de ratones e insectos para comer. Busca tres visones.

Los pantanos

Busca seis caimanes.

Las zonas pantanosas son tan húmedas que es difícil distinguir entre el agua y la tierra firme. En ellas habita una fauna abundante.

En esta lámina vemos parte del Everglades, una zona pantanosa de Florida, en Estados Unidos. Trata de encontrar 85 animales.

Las ranas verdes arborícolas tienen ventosas en las patas para trepar por las ramas más resbaladizas. Busca ocho ranas.

Las nutrias nadan panza arriba mientras devoran los peces que han cazado. ¿Ves seis?

Al milano caracolero sólo le gusta comer una clase de caracoles. Busca dos milanos.

Mariposa cebra. Busca cuatro.

Las arañas pescadoras se alimentan de insectos que cuelgan de los tallos de las plantas. Busca una.

Los calamones son tímidos y se ocultan de sus enemigos entre la hierba. Busca cuatro calamones.

El gambusino se alimenta de huevos de mosquito y es muy abundante en los pantanos. Busca ocho.

Rana toro. Busca tres.

Las águilas calvas americanas atrapan peces con sus afiladas garras. ¿Ves dos?

Las tortugas de río asoman la cabeza sobre la superficie del agua. Busca diez.

Las garzas azules esperan durante horas hasta que pescan un pez ensartándolo con el pico. Busca dos.

Los mapaches utilizan las patas delanteras a modo de palas para sacar peces y ranas del agua. Busca seis.

Las serpientes mocasín cobrizo nadan con movimientos ondulantes. Cuenta cinco.

Las arañas Araneus tejen su tela para atrapar insectos. Busca una araña.

La tortuga acuática no deja escapar a los peces una vez que los ha atrapado con la boca. Busca cuatro tortugas.

Las anhingas bucean y pescan ensartando los peces con el pico. Encuentra tres.

Los manatíes nadan lentamente mientras mascan las plantas que se encuentran. ¿Ves cuatro?

Estos pájaros carpinteros ocultan a sus crías. Busca tres.

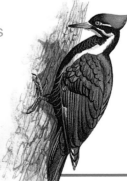
La aguja desgarra sus presas con sus dientes afilados. ¿Puedes encontrar tres?

Los desiertos americanos

Las arañas tramperas construyen túneles para atrapar insectos. Busca dos.

Los coyotes aúllan para comunicarse entre sí. Intenta encontrar seis coyotes.

Las tortugas del desierto se entierran en la arena durante el día para protegerse del calor. ¿Ves cuatro?

Los mochuelos excavadores no suelen excavar. Buscan cobijo en madrigueras abandonadas. Cuenta seis.

Las tarántulas son venenosas, pero su veneno sólo es capaz de matar insectos. Busca seis.

La vida no es fácil en los desiertos de Norteamérica. Uno de ellos es tan caluroso que se conoce como el Valle de la Muerte. En esta lámina vemos parte del desierto de Sonora. Si buscas atentamente, encontrarás los 95 animales que viven aquí.

Los alcaudones empujan a los lagartos contra las espinas de los cactus. Busca cuatro alcaudones.

Las liebres de cola negra saltan por la arena ardiente. Cuenta seis liebres.

Los monstruos de Gila siguen el rastro de los insectos con la lengua. Busca cuatro.

Las codornices de Gambel se camuflan bien entre los colores del desierto. Cuenta dos.

La rata canguro obtiene el agua que necesita para vivir de las semillas y los granos. Busca seis ratas.

Los carpinteros pechileonados construyen sus nidos en el interior de los cactus. Busca siete.

Las serpientes de cascabel producen su temible cascabeleo meneando la cola. Busca tres.

Los mochuelos colicortos suelen habitar en los nidos abandonados por pájaros carpinteros. Busca cinco.

Los lagartos Uma notata escarban en la arena con las patas y el hocico. Busca ocho.

Macaón. Busca seis.

Los correcaminos corren en zigzag para despistar a sus perseguidores. Busca tres más.

Los zorros kit corren velozmente por la arena. Busca tres zorros.

Los sauromalus se esconden de sus enemigos entre las rocas. Cuenta tres.

Los pecaríes son capaces de masticar los cactus con sus poderosos colmillos. Busca diez pecaríes.

El oso polar tiene el pelaje grueso para protegerse del frío. Busca tres osos y dos oseznos.

El Ártico

En el Ártico hace tanto frío durante el invierno que el mar se congela. Muchos animales migran a lugares más cálidos hasta la llegada de la primavera. En la imagen vemos una región ártica al final de un largo invierno. ¿Puedes encontrar 101 animales?

A los bueyes almizcleros no les molesta la nieve. Su grueso pelaje los protege del frío. ¿Ves nueve?

Los rorcuales con joroba como éste pasan a menudo por el Ártico. "Cantan" mientras nadan.

Los lemmings pasan el invierno en los túneles calentitos que excavan bajo la nieve. Busca once.

Los armiños son capaces de introducirse en los túneles de los lemmings. Busca tres armiños.

Los cachorros de foca nacen cubiertos de pelo blanco que se les cae a las pocas semanas de vida. Busca cuatro.

Las perdices nivales son blancas en invierno y marrones en verano. ¿Ves cinco?

Ardilla Citellus. Busca tres.

Los búhos nivales cazan durante el largo día ártico. Busca tres.

Cuervo. Busca tres.

Los narvales tienen un cuerno que les crece encima de la boca. Busca dos narvales.

Los zorros árticos entierran a sus presas en la nieve, para comer más tarde. Busca cinco.

Los lobos suelen cazar en manadas. Encuentra diez lobos.

Las orcas sólo matan peces y focas para alimentarse. Busca dos.

Las morsas tienen mucha grasa para protegerse del frío. Busca doce.

El caribú escarba en la nieve en busca de plantas. Cuenta once caribúes.

En el Ártico viven cinco especies de focas. Busca una de cada tipo.

Foca pía

Foca de bandas

Foca ocelada

Foca capuchina

Foca barbuda

Las liebres árticas se camuflan gracias a su pelo blanco. Busca cuatro más.

La ballena blanca o beluga se vuelve blanca a los dos años de edad. Busca una con su ballenato.

En el fondo del mar

Los rorcuales tragan su alimento mientras avanzan por el mar con la boca abierta. Busca uno.

La medusa pica a los pececillos con sus tentáculos y luego se los come. Busca cuatro.

El pescador abisal agita la aleta que tiene sobre la boca. Cuando un pez pica, el pescador se lo come. Busca tres.

El cuerpo de estos peces despide luz en las profundidades marinas. Busca cinco de cada.

Pez hacha

Pez linterna

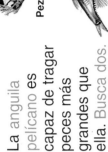

La anguila pelícano es capaz de tragar peces más grandes que ella. Busca dos.

En los océanos, ríos y lagos del mundo habitan más de 20.000 especies de peces. Algunos nadan cerca de la superficie mientras que otros viven en aguas profundas y oscuras. En el dibujo vemos 22 tipos de animales marinos que viven en el océano Pacífico Norte.

Cuando el pulpo se ve perseguido, expulsa una nube de tinta marrón. Busca dos pulpos.

Esponja

Pluma de mar

Araña de mar

El fondo del mar es frío y oscuro. Busca tres ejemplares de cada una de estas especies.

La afilada nariz de la aguja de mar es un peligro para los pescadores que la capturan. ¿Ves dos?

Los calamares tienen tentáculos cubiertos de ventosas con los que cazan peces. Busca diez calamares.

Los enormes cetorrinos flotan cerca de la superficie. Encuentra uno.

Los delfines suelen dar saltos sobre la superficie del mar. Nadie sabe por qué lo hacen. ¿Ves cuatro delfines?

Las rayas, cuando las molestan, emiten descargas eléctricas. Busca tres.

Las nutrias marinas abren los moluscos y luego se los comen. Busca cinco nutrias.

Atún

Arenque

Anguila de arena

El calamar gigante tiene ojos grandes para ver bien en la oscuridad. Busca dos.

Las marsopas de Dall expulsan chorros de agua al respirar, que se ven desde muy lejos. Busca cinco.

Tubícolas. Busca un grupo.

Estos peces nadan en bancos cerca de la superficie. Busca un banco de cada tipo.

15

La selva tropical

Los hoatzines son unas aves extrañas que despiden mal olor. Busca dos adultos y una cría.

El tapir olfatea entre las plantas con su largo hocico en busca de comida. ¿Ves tres?

En la selva amazónica llueve casi todos los días. Los árboles y plantas crecen a un ritmo vertiginoso. Aquí vemos la selva tropical de Brasil, donde viven más especies de animales y plantas que en ningún otro lugar del planeta. Busca 71 animales.

Las boas esmeralda se deslizan por las ramas verdes entre las que se camuflan. Encuentra tres.

Uákaris. Busca seis.

Los perezosos se mueven lentamente y pueden pasar toda su vida en el mismo árbol. Cuenta tres.

Los colibrís producen un zumbido al mover rápidamente las alas. Busca tres.

Los tucanes viven en parejas. Sus enormes picos de colores son huecos. ¿Ves cuatro?

Los monos aulladores negros se comunican entre sí con aullidos. Busca cuatro.

El oso hormiguero sedoso captura hormigas con su lengua larga y pegajosa. ¿Ves dos?

Los capibaras son buenos nadadores y pasan mucho tiempo en el agua. Busca diez.

El tití dorado tiene una larga melena parecida a la del león. Busca tres.

Gallito de roca. Busca dos.

Los jaguares se suben a los árboles y atraviesan ríos a nado persiguiendo a sus presas. Busca uno.

Las anacondas pueden comprimir a sus víctimas hasta matarlas. Después, se las tragan enteras. Busca tres.

Los armadillos gigantes tienen la piel cubierta de placas duras que les protegen. Busca dos.

Los indios del Amazonas ponen el veneno de la rana tintorera fresa en sus flechas. Busca nueve.

Guacamayo azul

Las serpientes de coral son venenosas y los demás animales no se las comen. Cuenta tres.

Los monos araña se suben a los árboles con facilidad. Se sujetan con la cola para no caerse. ¿Ves tres?

En la selva viven muchas clases de loros. Busca uno de cada especie.

Guacamayo jacinto

Periquito dorado

Guacamayo escarlata

17

El desierto de arena

Los camellos pueden pasar hasta una semana sin beber. Busca ocho adultos y una cría.

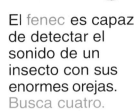

El fenec es capaz de detectar el sonido de un insecto con sus enormes orejas. Busca cuatro.

Cabeza de sapo de Arabia. Encuentra cuatro.

Los desiertos son los lugares más calurosos y secos de la Tierra. Aquí vemos el desierto del Sáhara, el más grande del mundo. Te sorprenderá saber la cantidad de animales que son capaces de sobrevivir en él. Busca 124 animales.

Los erizos del desierto prefieren estar a la sombra. Busca cuatro erizos.

Sapo de Mauritania. Encuentra uno.

Las liebres del desierto permanecen a la sombra durante las horas de más calor. Busca cuatro.

Los corredores son muy rápidos y escapan fácilmente de sus enemigos. Busca cuatro.

Salamanquesa del Sáhara. ¿Ves una?

Los jerbos del desierto saltan en la arena como si fueran diminutos canguros. Cuenta cinco.

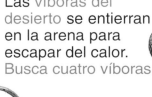

Las víboras del desierto se entierran en la arena para escapar del calor. Busca cuatro víboras.

Ciempiés del desierto. ¿Ves tres?

Busca una ganga y sus tres polluelos.

Escarabajo pelotero. Busca tres.

Los escincos de la arena se camuflan muy bien. Busca cuatro escincos.

A muchos animales del desierto les gusta merendarse un escarabajo tigre. Encuentra tres.

Mochuelo. Busca cuatro.

El gato del general Margarita caza otros animales. Su color se confunde con el de la arena. Cuenta cuatro.

Langosta del desierto. Busca cuatro.

La serpiente de cascabel de cuernitos avanza por la arena haciendo eses. Busca cuatro.

Los escorpiones pican a otros animales con el aguijón venenoso que tienen en la cola. Busca tres.

Estos animales soportan bien el calor. Apenas necesitan beber.

Addax. Busca cinco.

Gacela Dorcas. Busca ocho.

Oryx. Busca diez.

Cabra montés. Busca 20.

Halcón lanario. Busca dos.

Rata del desierto. Encuentra tres.

Los elefantes hembra y las crías conviven en una manada. Los machos viven en solitario. Busca siete.

El guepardo es el animal más veloz, pero no puede correr durante mucho tiempo. Busca dos.

Los gerenuks se alzan sobre las patas traseras para alcanzar las hojas más tiernas. Encuentra dos.

El buitre es capaz de localizar una presa desde el aire, a mucha distancia. Busca nueve.

La sabana

Las avestruces son aves no voladoras. Busca tres avestruces y un nido.

Muchos animales conocidos viven en las llanuras africanas. Encontrarás 17 tipos de animales en este dibujo. Si te fijas bien, verás lo que come cada uno. La mayoría se alimenta de hierba y de hojas, pero algunos se comen a los animales que cazan.

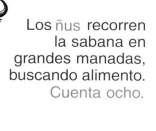

Los ñus recorren la sabana en grandes manadas, buscando alimento. Cuenta ocho.

Cuando lo atacan, el rinoceronte carga contra el enemigo con el cuerno por delante. ¿Ves tres?

Las crías de babuino van montadas a lomos de sus padres. Busca ocho babuinos.

A los hipopótamos les gusta permanecer en el barro, porque así no se les seca la piel. Busca seis.

Las jirafas alcanzan las hojas más altas, a las que los otros animales no llegan. Busca cuatro jirafas.

Cuando una cebra ve un enemigo, relincha para avisar a sus compañeras. Busca ocho cebras.

El jabalí verrugoso resopla y escarba el suelo con sus largos colmillos en busca de alimentos. Encuentra tres.

Los licaones deambulan por la sabana buscando algo que comer. Cuenta ocho.

Las gacelas de Thomson saltan y muestran sus traseros blancos, lo que confunde a sus enemigos. ¿Ves diez?

Los leones macho tienen aspecto fiero, pero son las leonas las que salen a cazar. Busca seis leones.

Leona

León

Las avutardas de Kori son las aves voladoras más pesadas del mundo. ¿Ves dos avutardas?

Los leopardos trepan a los árboles con sus presas para devorarlas sin que nadie los moleste. ¿Ves dos leopardos?

21

El pelaje moteado de los gamos se confunde con el paisaje del bosque. Busca seis gamos.

Las comadrejas suelen vivir en madrigueras abandonadas por otros animales. Busca cuatro.

Los nidos de las ruidosas urracas están siempre sucios y descuidados. Busca dos urracas.

Los lirones duermen durante todo el invierno. Cuando se despiertan, construyen un nido. Encuentra cinco.

Hogares ocultos

El topo está casi ciego. Excava túneles subterráneos. Busca uno.

En primavera, los bosques como el de este dibujo están llenos de vida. Muchas aves y otros animales se dedican a hacer sus nidos. En este bosque hay 18 especies de animales. Busca también sus nidos y madrigueras.

Las crías del jabalí se llaman jabatos. Los jabatos se camuflan bien entre la hierba. Busca ocho.

Cuando las musarañas salen de paseo, van en fila india. Cada una se agarra a la que tiene delante. Encuentra diez.

Los arrendajos entierran bellotas durante el invierno y, al llegar la primavera, se las comen. Busca cuatro.

El pito real busca insectos mientras se sujeta al tronco de los árboles con sus garras. Busca cuatro.

Varias familias de conejos conviven en la misma madriguera. Busca nueve conejos.

Los tejones salen de sus madrigueras al anochecer. Encuentra cuatro.

El chotacabra permanece inmóvil durante todo el día. Su plumaje le sirve para camuflarse en el bosque. Busca dos.

Las ardillas construyen un nido para el invierno y otro para el verano. Cuenta cuatro.

El cárabo tienen un vuelo silencioso para sorprender a sus presas sin ser oído. Busca tres.

Tanto el zorro macho como la hembra cuidan y educan a la camada. Busca cinco zorros.

Los murciélagos de herradura salen de su escondite al caer la noche. Busca diez.

Macho

Hembra

Ciervos volantes. Busca dos.

Cuando los erizos están asustados, se enrollan y forman una bola de púas. ¿Ves cuatro erizos?

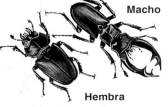

La mayoría de las estrellas de mar tienen cinco brazos. Si pierden uno, les nace otro en su lugar. Busca cinco.

El andarríos chico busca gusanos en el fango con su pico largo y fino. Busca tres.

Los cangrejos ermitaños viven en caracolas vacías. Cuando crecen, se mudan a otra más grande. ¿Ves cuatro?

Los erizos de mar se desplazan empujándose con sus púas. Encuentra tres.

La costa

Las pulgas de mar encuentran deliciosas las algas putrefactas. Busca unas pulgas.

Mucha gente va a la playa sin pararse a pensar en la enorme cantidad de animales que viven bajo la arena, en los charcos o en los acantilados. La marea sube y baja dos veces al día. El dibujo muestra una playa con la marea baja. A ver si puedes encontrar 145 animales.

Los cangrejos atrapan a sus presas con las pinzas y caminan de lado. Cuenta seis.

Frailecillo

Gaviota tridáctila

Alca

Arao

Numerosas aves construyen sus nidos en los acantilados. Busca diez aves de cada clase.

Los balanos están protegidos por un caparazón. Busca una colonia de balanos.

Los bogavantes son asustadizos, pero sus pinzas pueden propinar un buen pellizco. Encuentra dos.

Los cormoranes abren las alas para que se les sequen. Busca tres.

La anémona Sargatia se reproduce dividiéndose en dos. Busca diez anémonas.

Los camarones usan sus antenas para buscar el plancton del que se alimentan. Cuenta diez.

Cuando están bajo el agua, las actinias muestran sus tentáculos. En seco, se cierran. ¿Ves cinco?

Muchos animales costeros tienen caparazones. Busca diez de cada especie.

Mejillón   Lapa

Bígaro   Bocina

Durante la marea baja, el blenio se esconde en un lugar húmedo. Cuenta seis.

Los ostreros arrancan los moluscos de las rocas con sus picos afilados. Busca seis ostreros.

25

La alta montaña

Los gansos indios sobrevuelan el Himalaya todos los años. Busca diez gansos.

Los irbis o leopardos de las nieves cazan de noche, cuando es difícil verlos. Busca cuatro.

La cabra montés del Himalaya trepa por los riscos resbaladizos en busca de alimento. Cuenta diez cabras.

Es fácil detectar a un takin aun sin verlo, debido a su olor aceitoso. Encuentra dos.

El markhor o cabra india macho pasa el verano lejos de las hembras. Busca tres machos.

No es fácil sobrevivir en la alta montaña. Hace frío y viento y el suelo está casi siempre cubierto de nieve.

Los 83 animales del dibujo habitan el Himalaya, la región montañosa más alta del mundo. Intenta encontrarlos todos.

Los osos negros tibetanos viven en los bosques de las laderas de las montañas. Cuenta tres.

Los treparriscos descienden los peñascos con la cabeza hacia abajo. Busca cuatro.

Pavón diurno. Busca tres.

Cuando un animal muere, los buitres leonados acuden a comérselo. Busca seis buitres.

La pika siberiana pone plantas a secar al sol, y las guarda para comer en invierno. ¿Ves seis?

El quebrantahuesos sobrevuela las montañas en busca de animales muertos para alimentarse. Busca tres.

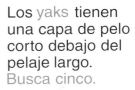

Los yaks tienen una capa de pelo corto debajo del pelaje largo. Busca cinco.

Hay quien cree que el yeti, el "abominable hombre de las nieves" es el autor de estas huellas. Busca unas cuantas.

El tahr himalayo es de pelaje espeso. En el cuello le crece un collar de pelo largo. Busca tres.

Mientras el grupo de bharals come, uno de ellos vigila y da la alarma si surge un peligro. Busca dos.

Las chovas esconden los insectos que han cazado en las grietas de las rocas para comérselos más tarde. Busca diez.

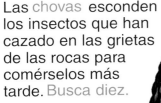

La marmota duerme en su madriguera durante el invierno. Para guardar el calor, tapona la entrada con hierba. ¿Ves seis?

Las águilas reales son capaces de transportar en el pico una cría de ciervo. Busca dos águilas.

Los tigres acechan a sus presas y se abalanzan sobre ellas por detrás para matarlas. Busca uno.

De día y de noche

Los tejedores indios hacen sus nidos con hierba y hojas. Cuenta tres.

A las calurosas y espesas selvas tropicales se les suele llamar junglas. La historia de *El Libro de la Selva* se desarrolla en una jungla de la India parecida a ésta. El dibujo muestra la selva de día, con los animales diurnos, y de noche, con los animales nocturnos.

El gran calao bicorne alcanza cualquier fruta con su largo pico, por escondida que esté.

La ardilla voladora gigante planea sin hacer ruido entre los árboles de la selva. Busca una ardilla.

Los gaviales mueven la boca a un lado y a otro para atrapar a los peces. Busca tres.

Los elefantes asiáticos suelen marchar en fila india por la selva. Busca cuatro elefantes.

Macho

Los pavos reales macho extienden la cola para atraer a las hembras. Busca un macho y una hembra.

Hembra

El muntjac ladra como si fuera un perro cuando está asustado. Busca dos.

El nicticebo o loris lento puede andar por ramitas delgadas como ésta. Busca uno.

28

El leopardo es buen cazador y trepa a los árboles con facilidad. ¿Ves un leopardo?

El cuón o perro jaro es un perro salvaje. Se comunican entre sí con silbidos. Busca cuatro.

El pangolin se enrolla y forma una bola. Sus escamas lo protegen. Busca uno.

Los osos bezudos se alimentan de insectos, frutos e incluso flores. Encuentra un oso.

El gato de Bengala es como un leopardo en miniatura. Es muy asustadizo. Busca uno.

Las tupayas viven escondidas en los árboles y se alimentan de insectos. Busca una.

La mangosta no conoce el miedo. Se enfrenta a las cobras y llega a matarlas. Busca una mangosta.

Los gaures son un tipo de vaca. Cuando se sienten amenazados, emiten un silbido. Busca dos.

El veneno de la cobra real puede matar a una persona en media hora. Busca una.

Los macacos coronados se llaman así por el mechón de pelo que tienen en la coronilla. ¿Ves diez?

Un mundo mágico

Los delfines mulares suelen acompañar a los barcos y saltar sobre las olas. Busca seis delfines.

Cuando las almejas gigantes se ven en peligro, cierran fuertemente las valvas. Busca dos almejas gigantes.

Jeringa de mar. Busca seis.

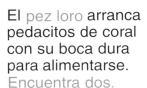

El pez loro arranca pedacitos de coral con su boca dura para alimentarse. Encuentra dos.

Cohombro de mar. Busca dos.

Los peces piedra se quedan quietos en el fondo del mar como si fueran rocas. Busca dos.

Las barracudas son fieros cazadores que atrapan a otros peces con la boca. Busca tres.

Los corales son unos diminutos animalillos. Cuando mueren, sus esqueletos permanecen en el mar. A lo largo de miles de años, los esqueletos de millones de corales van formando un arrecife. El mayor arrecife del mundo es la Gran Barrera de Coral australiana. Encontrarás 125 peces y otros animales.

Los peces payaso se ocultan en las anémonas venenosas. Busca tres.

Los limpiadores se introducen en la boca de otros peces y les limpian los dientes. Busca dos.

Pargo rayado

Pez ángel azul y dorado

Cherna roja

Pez damisela

Pargo de Goldman

En cada grupo de peces hay un intruso. Búscalo.

Esponja de mar.
Busca tres.

Los dugongs
arrancan algas
del fondo del
mar con su
labio superior.
Busca tres.

Las crías del
caballito de mar
se desarrollan en
una bolsa que el
padre tiene en el
vientre. Busca seis.

Pez escorpión.
Busca dos.

El tiburón jaspeado
permanece inmóvil
en el fondo del mar
y parece una
alfombra extendida.
Busca uno.

Los camarones
limpiadores se
comen los parásitos
de la piel de otros
peces. Busca tres.

Cauri
tigre.
Busca
tres.

Las mantas
nadan con la
boca abierta para
atrapar alimento.
Busca dos.

Estrella
de mar
azul.
Busca
dos.

A ver si adivinas
por qué el pez
martillo se llama
así. Encuentra uno
en el dibujo.

Existen muchas
clases de coral.
Encuentra un
ejemplar de
cada uno.

Coral cerebro   Abanico de mar

Coral asta
de ciervo   Coral plano

La estrella de
mar "corona de
espinas" se
alimenta de coral
y puede destruir
arrecifes enteros.
Busca cuatro.

Las vistosas
babosas marinas
se deslizan entre
el coral. Busca tres
de cada tipo.

Nudibranquio

Sacogloso

Bailarina
española

Las antípodas

Los canguros dan grandes saltos con sus potentes patas traseras. A ver si encuentras diez.

Gran parte de Australia está constituida por terreno seco y casi sin árboles, donde apenas llueve y hace mucho calor.

En estas zonas es difícil hallar agua y alimentos. Trata de encontrar los 75 animales que aparecen en este dibujo.

Pocos animales se atreven a atacar a los diablos espinosos, porque tienen la piel muy dura. Busca cuatro.

Los topos marsupiales siempre están haciendo túneles y rara vez salen a la superficie. Busca tres.

El gato tigre australiano tiene el hocico largo para olfatear la comida y dientes afilados para comerla. Busca dos.

Los dingos son perros salvajes que viven y cazan en grandes manadas. Busca seis dingos.

El kookaburra o martín cazador emite un sonido parecido a la risa humana. Busca cuatro.

El cuerpo de la rana esponja absorbe el agua. Busca tres.

Los megapodios ocelados ponen los huevos en montones de hojas cubiertas de arena. Busca dos.

Los lagartos de gorguera tienen un pliegue de piel alrededor del cuello. ¿Ves tres?

Los bandicuts son animales excavadores. Las crías viven en una bolsa que los adultos tienen en el vientre. Busca dos.

Los varanos prefieren escapar de sus enemigos a enfrentarse a ellos. Busca tres.

Cuando la equidna está asustada, se entierra y sólo deja las púas al descubierto. ¿Ves tres?

Los wombats de nariz peluda viven en madrigueras subterráneas. Busca tres wombats.

Los periquitos vuelan en grandes bandadas. A ver si encuentras 20 periquitos.

Los ratones saltarines suelen correr, pero a veces avanzan dando saltos sobre las patas traseras. Busca dos.

Los emús corren a gran velocidad, pero no pueden volar. Busca tres emús.

La Antártida

Los cachalotes pueden tardar hasta una hora en salir a la superficie a respirar. Busca uno.

Las crías del pingüino emperador se resguardan del frío entre las patas de sus padres. Busca un polluelo y cinco adultos.

La Antártida es el continente más frío de la Tierra. El mar está casi siempre helado y en tierra firme soplan vientos gélidos.

No es fácil sobrevivir aquí, sin embargo la región está habitada por millones de aves y de focas. Hay 195 animales que buscar.

Las focas de Weddell pueden permanecer en el agua helada durante una hora. Busca cinco.

Los pingüinos de penacho amarillo saltan por el hielo y las rocas con mucha agilidad. Encuentra 80.

Las focas cangrejeras no comen cangrejos, sino unas criaturas diminutas llamadas krill. Busca cuatro.

La ballena azul es con diferencia el mayor animal del planeta. Busca una.

Los albatros viajeros planean sobre el océano con sus enormes alas. Busca uno.

Los pingüinos macaroni tienen unas plumas o crestas en la cabeza. ¿Ves nueve?

Cormorán de ojo azulado. ¿Ves tres?

Los papúes ponen los huevos en nidos de piedras. Busca 21 papúes.

Las focas de Ross viven en el hielo, alejadas de otros animales. Busca cuatro.

El ballenato de la ballena pequeña no se separa de su madre durante un año. Busca una ballena y su ballenato.

Los pingüinos barbijos algunas veces ponen los huevos en la nieve. Busca 12.

Las focas leopardo cazan a los pingüinos cuando éstos saltan al agua. Busca cinco.

Los págalos sobrevuelan los nidos de pingüino, esperando el momento de matar a las crías. Busca cuatro págalos.

Los pingüinos de Adelia salen del agua de un salto. A ver si encuentras 13.

Los petreles gigantes comen tanto que tienen que vomitar antes de remontar el vuelo. Busca cuatro.

Los pingüinos reales ponen un sólo huevo. Lo cuidan el macho y la hembra. Busca diez.

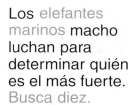

Los elefantes marinos macho luchan para determinar quién es el más fuerte. Busca diez.

35

Zorro

Cerca de tu casa

Mariposa de la col

Zorzal

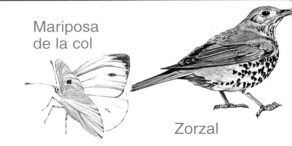

Algunos consejos

✿ Si dejas queso, semillas, frutos secos y alimentos con grasa en el jardín, los pájaros acudirán a comer.

✿ En los estanques viven muchos animales. Unos viven en el agua, otros van a bañarse y otros acuden para cazar peces y otros animales.

✿ En las zonas menos cuidadas se esconden muchos insectos. En ellas también crecen flores silvestres.

✿ A los pájaros les encanta comer bayas y hacer sus nidos en las plantas trepadoras.

✿ Planta algunas flores de colores vivos y perfume agradable para atraer a las mariposas.

✿ Algunos animales se instalan en tiestos vacíos. Otros prefieren refugiarse entre la leña.

Los animales no sólo viven en lugares lejanos, también habitan en los parques y jardines. En el jardín de la ilustración hay 31 especies de animales. Busca dos ejemplares de cada una. También encontrarás ideas para atraer animales al jardín.

Petirrojo

Ortiguera

Abejorro

Araña de jardín

Ratón de campo

Mirlo

Caracol

Lombriz de tierra

Chochín

Libélula

Ratón de bosque

Cochinilla

Tritón

Urraca

Vanesa

Erizo de tierra

Ciempiés

Verderón

Tijereta

Rana

Babosa

Camachuelo

Mariposa pavo real

Avispa

Sapo

Topo

Pinzón

Milpiés

37

La granja

A ver si encuentras tres polluelos de pavo.

Las vacas lecheras viven en la granja. El hijo de la vaca es el ternero. Busca un ternero.

Los perros pastores cuidan del rebaño de ovejas. Busca tres cachorros.

Los ponis de Shetland son pequeños, pero muy trabajadores. Busca un potrillo Shetland.

Las ratas roban la comida, por eso los granjeros les ponen veneno. Busca tres crías.

Los animales domésticos de la granja nos proporcionan leche, lana y huevos. En la granja viven también otros animales.

En el dibujo encontrarás 19 tipos de animales. Trata de emparejar cada animal con sus crías.

Las cabras dan leche. Sus hijos se llaman cabritillos. Encuentra dos cabritillos.

Los cuervos se comen las cosechas, por eso los granjeros los ahuyentan. Busca un polluelo de cuervo.

Los polluelos del ganso tienen un plumón muy fino que los protege del frío. Busca tres.

Los ratones hacen el nido en lugares insospechados. ¿Ves cuatro crías?

Los gatos cazan ratas y ratones. Busca tres gatitos.

Los patos nadan en el estanque. Busca cuatro patitos.

Los murciélagos duermen de día y se alimentan por la noche. Busca dos crías.

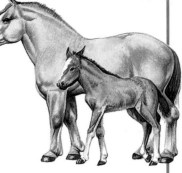

Los caballos percherones trabajan mucho en las granjas. Busca un potro percherón.

Algunas gallinas viven en gallineros y otras al aire libre. Busca tres pollitos.

Los cerdos se revuelcan en el barro, pero les gusta dormir en una cama de paja limpia. Busca cuatro cochinitos.

Los burros trabajan en la granja como animales de carga. Busca una cría de burro.

Los conejos viven en madrigueras subterráneas. Encuentra tres crías de conejo.

La lechuza común sale a cazar ratas y ratones por la noche. Busca dos polluelos de lechuza.

Los hijos de la oveja se llaman corderos. Los corderos nacen en primavera. Busca dos.

39

La prehistoria 4-5

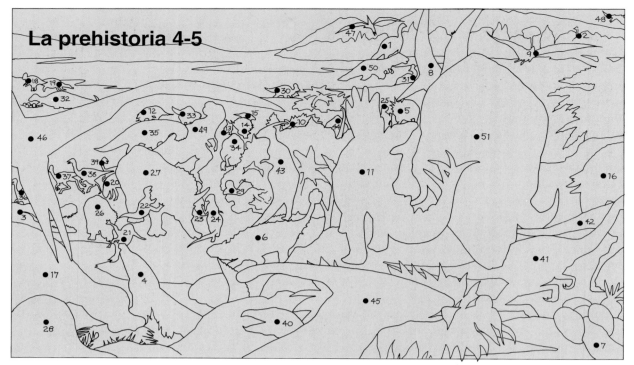

Alamosaurus 1 2
Deinosuchus 3 4
Styracosaurus 5
Ankylosaurus 6 7
Quetzalcoatlus 8 9
Stegosaurus 10 11
Panoplosaurus 12 13 14 15 16
Anatosaurus 17 18 19
Dromaeosaurus 20 21 22 23 24 25
Triceratops 26 27
Corythosaurus 28 29 30 31
Maiasaura 32
Pachycephalosaurus 33 34 35
Struthiomimus 36 37 38 39 40 41 42
Parasaurolophus 43 44 45
Pteranodon 46 47 48
Tyrannosaurus 49 50 51

El bosque de coníferas 6-7

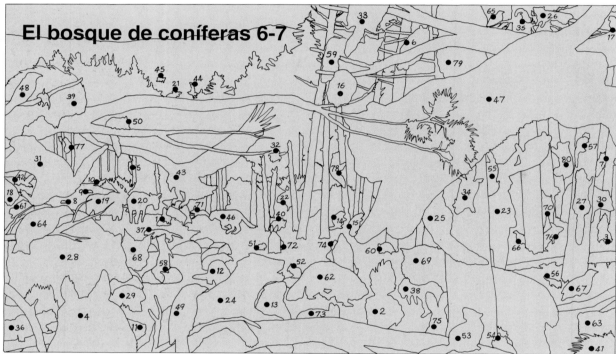

Mofeta 1 2 3
Búho chico 4 5 6 7
Castor 8 9 10 11 12 13 14 15
Piquituerto 16 17
Alce 18 19 20 21 22 23
Marta pescadora 24 25 26 27
Oso pardo 28 29 30
Ardilla voladora 31 32 33 34 35
Visón 36 37 38
Puerco espín 39 40 41
Águila pescadora 42 43 44
Puma 45 46 47
Alcaudón real 48 49
Ardilla listada 50 51 52 53 54 55 56 57
Marta americana 58 59 60
Glotón 61 62 63
Gallo de los abetos 64 65 66 67
Lince 68 69 70

Liebre americana 71 72 73 74 75 76
Oso negro americano 77 78 79 80

Los pantanos 8-9

Caimán 1 2 3 4 5 6
Águila calva 7 8
Galápago 9 10 11 12 13 14 15 16 17 18
Garza de Louisiana 19 20
Mapache 21 22 23 24 25 26
Mocasín cobrizo 27 28 29 30 31
Araña Araneus 32
Tortuga acuática 33 34 35 36
Aguja 37 38 39
Pájaro carpintero 40 41 42
Manatí 43 44 45 46
Anhinga 47 48 49
Rana toro 50 51 52
Gambusino 53 54 55 56 57 58 59 60
Calamón 61 62 63 64
Araña pescadora 65
Mariposa cebra 66 67 68 69
Milano caracolero 70 71

Nutria 72 73 74 75 76 77
Rana arborícola 78 79 80 81 82 83 84 85

Los desiertos americanos 10-11

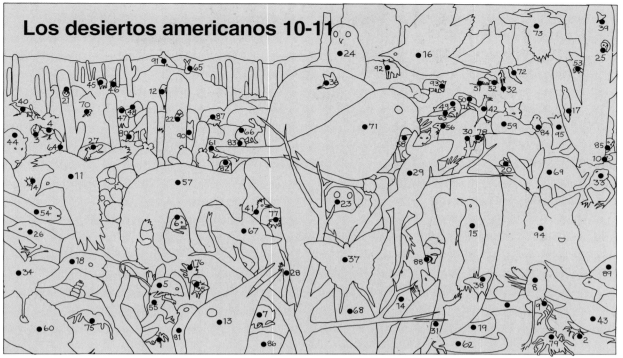

Araña trampera 1 2
Codorniz de Gambel 3 4
Rata canguro del desierto 5 6 7 8 9 10
Carpintero pechileonado desértico 11 12 13 14 15 16 17
Serpiente de cascabel 18 19 20
Mochuelo colicorto 21 22 23 24 25
Lagarto Uma notata 26 27 28 29 30 31 32 33
Macaón 34 35 36 37 38 39
Correcaminos 40 41 42 43
Pecarí 44 45 46 47 48 49 50 51 52 53
Sauromalus 54 55 56
Zorro kit 57 58 59
Monstruo de Gila 60 61 62 63
Liebre de cola negra 64 65 66 67 68 69

Alcaudón americano 70 71 72 73
Tarántula 74 75 76 77 78 79
Mochuelo excavador 80 81 82 83 84 85
Tortuga terrestre 86 87 88 89
Coyote 90 91 92 93 94 95

El Ártico 12-13

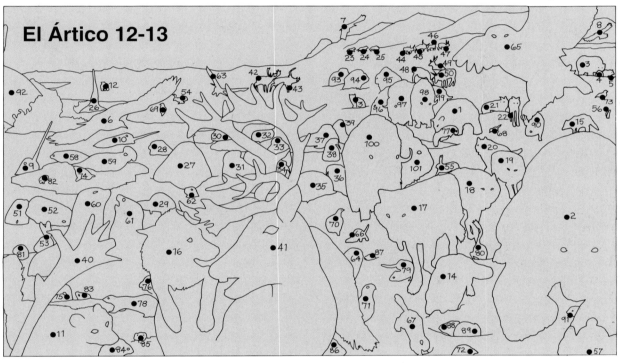

Oso polar 1 2 3 4 5
Cuervo 6 7 8
Narval 9 10
Zorro ártico 11 12 13 14 15
Lobo 16 17 18 19 20 21 22 23 24 25
Orca 26 27
Morsa 28 29 30 31 32 33 34 35 36 37 38 39
Caribú 40 41 42 43 44 45 46 47 48 49 50
Ballena blanca 51 52
Liebre ártica 53 54 55 56 57
Foca de bandas 58
Foca capuchina 59
Foca pía 60
Foca ocelada 61
Foca barbuda 62
Búho nival 63 64 65
Ardilla Citellus 66 67 68
Perdiz nival 69 70 71 72 73

Cachorro de foca 74 75 76 77
Armiño 78 79 80
Lemming 81 82 83 84 85 86 87 88 89 90 91
Rorcual con joroba 92
Buey almizclero 93 94 95 96 97 98 99 100 101

En el fondo del mar 14-15

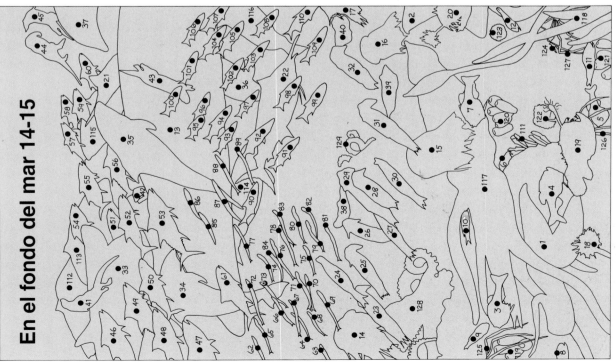

Anguila pelícano 1 2
Pez hacha 3 4 5 6 7
Pez linterna 8 9 10 11 12
Rorcual 13
Medusa 14 15 16 17
Pescador abisal 18 19 20
Aguja de mar 21 22
Calamar 23 24 25 26 27 28 29 30 31 32
Cetorrino 33
Delfín 34 35 36 37
Raya 38 39 40
Nutrias marinas 41 42 43 44 45
Atún 46 47 48 49 50 51 52 53 54 55 56 57 58 59 60 61
Anguila de arena 62 63 64 65 66 67 68 69 70 71 72 73 74 75 76 77 78 79 80 81 82 83 84 85 86 87 88 89

Arenque 90 91 92 93 94 95 96 97 98 99 100 101 102 103 104 105 106 107 108 109 110
Tubícola 111
Marsopa de Dall 112 113 114 115 116
Calamar gigante 117 118
Esponja 119 120 121
Pluma de mar 122 123 124
Araña de mar 125 126 127
Pulpo 128 129

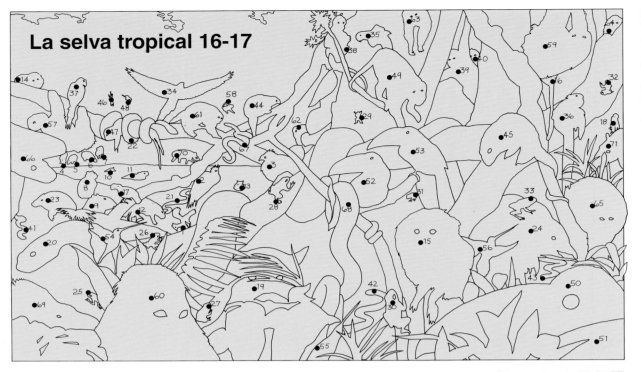

La selva tropical 16-17

Hoatzín 1 2 3
Capibara 4 5 6 7 8 9 10 11 12 13
Tití dorado 14 15 16
Gallito de roca 17 18
Jaguar 19
Anaconda 20 21 22
Armadillo gigante 23 24
Rana tintorera fresa 25 26 27 28 29 30 31 32 33
Guacamayo azul 34
Guacamayo escarlata 35
Guacamayo jacinto 36
Periquito dorado 37
Mono araña 38 39 40
Serpiente de coral 41 42 43
Oso hormiguero sedoso 44 45
Mono aullador 46 47 48 49

Tucán 50 51 52 53
Colibrí 54 55 56
Perezoso 57 58 59
Uácari 60 61 62 63 64 65
Boa esmeralda 66 67 68
Tapir 69 70 71

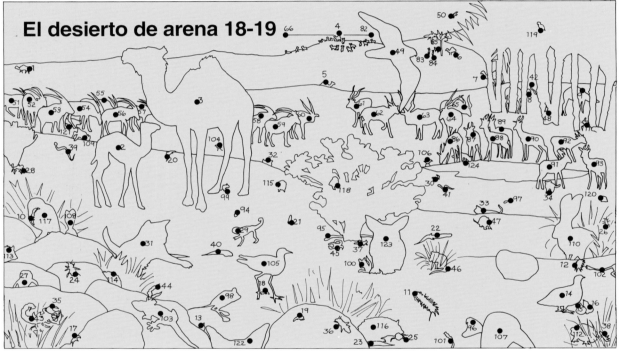

El desierto de arena 18-19

Camello 1 2 3 4 5 6 7 8 9
Ciempiés del desierto 10 11 12
Ganga 13 14 15 16
Escarabajo pelotero 17 18 19
Escinco de la arena 20 21 22 23
Escarabajo tigre 24 25 26
Cabeza de sapo de Arabia 27 28 29 30
Gato del general Margarita 31 32 33 34
Langosta del desierto 35 36 37 38
Serpiente de cascabel de cuernitos 39 40 41 42
Escorpión 43 44 45
Rata del desierto 46 47 48
Halcón lanario 49 50

Oryx 51 52 53 54 55 56 57 58 59 60
Addax 61 62 63 64 65
Cabra montés 66 67 68 69 70 71 72 73 74 75 76 77 78 79 80 81 82 83 84 85
Gacela Dorcas 86 87 88 89 90 91 92 93
Víbora del desierto 94 95 96 97
Jerbo del desierto 98 99 100 101 102
Salamanquesa del Sáhara 103
Corredor 104 105 106 107
Liebre del desierto 108 109 110 111
Sapo de Mauritania 112
Erizo del desierto 113 114 115 116
Mochuelo 117 118 119 120
Fenec 121 122 123 124

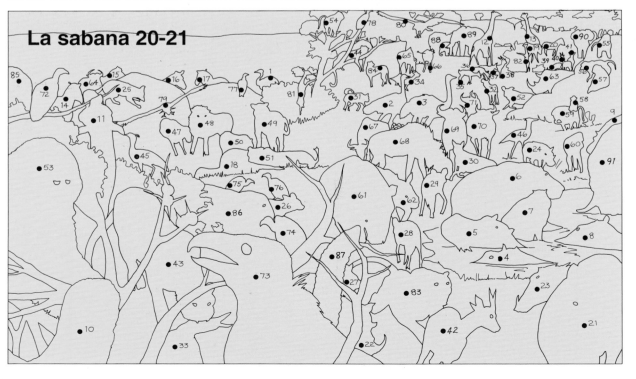

La sabana 20-21

Avestruz 1 2 3
Hipopótamo 4 5 6 7 8 9
Jirafa 10 11 12 13
Cebra 14 15 16 17 18 19 20 21
Facocero 22 23 24
Licaón 25 26 27 28 29 30 31 32
Gacela de Thomson 33 34 35 36 37 38 39 40 41 42
Leopardo 43 44
Avutarda de Kori 45 46
León 47 48 49 50 51 52
Babuino 53 54 55 56 57 58 59 60
Rinoceronte 61 62 63
Ñu 64 65 66 67 68 69 70 71
Buitre 72 73 74 75 76 77 78 79 80
Gerenuk 81 82
Guepardo 83 84
Elefante 85 86 87 88 89 90 91

Hogares ocultos 22-23

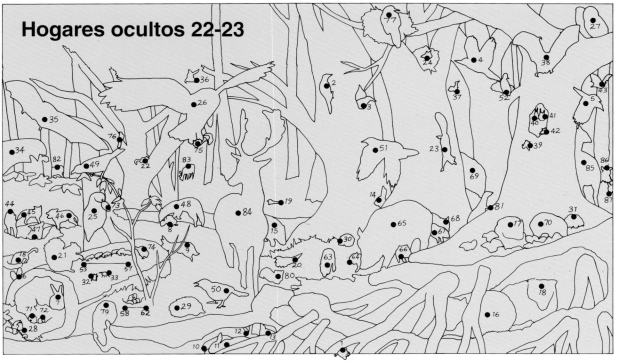

Topo 1
Pito real 2 3 4 5
Conejo 6 7 8 9 10 11 12 13
Tejón 14 15 16 17 18
Chotacabras 19 20
Ardilla 21 22 23 24
Cárabo 25 26 27
Erizo 28 29 30 31
Ciervo volante 32 33
Murciélago de herradura 34 35 36 37 38 39 40 41 42 43
Zorro 44 45 46 47 48
Arrendajo 49 50 51 52
Musaraña 53 54 55 56 57 58 59 60 61 62
Jabalí 63 64 65 66 67 68 69 70
Lirón 71 72 73 74 75
Urraca 76 77
Comadreja 78 79 80 81
Gamo 82 83 84 85 86 87

La costa 24-25

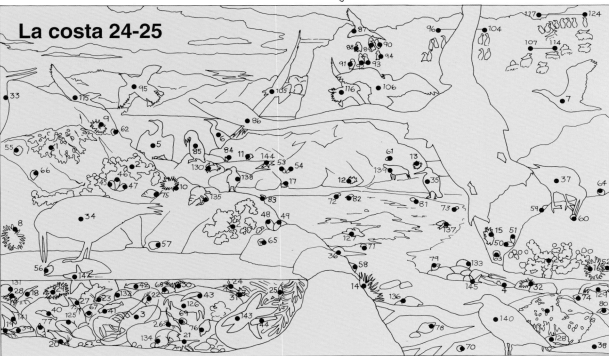

Pulga de mar 1
Balano 2
Bogavante 3 4
Cormorán 5 6 7
Anémona
  Sargatia 8 9 10 11 12 13 14 15 16 17
Camarón 18 19 20 21 22 23 24 25 26 27
Actinia 28 29 30 31 32
Ostrero 33 34 35 36 37 38
Blenio 39 40 41 42 43 44
Mejillón 45 46 47 48 49 50 51 52 53 54
Lapa 55 56 57 58 59 60 61 62 63 64
Bígaro 65 66 67 68 69 70 71 72 73 74
Bocina 75 76 77 78 79 80 81 82 83 84
Frailecillo 85 86 87 88 89 90 91 92 93 94

Arao 95 96 97 98 99 100 101 102 103 104
Gaviota tridáctila 105 106 107 108 109 110 111 112 113 114
Alca 115 116 117 118 119 120 121 122 123 124
Cangrejo 125 126 127 128 129 130
Erizo de mar 131 132 133
Cangrejo ermitaño 134 135 136 137
Andarríos chico 138 139 140
Estrella de mar 141 142 143 144 145

La alta montaña 26-27

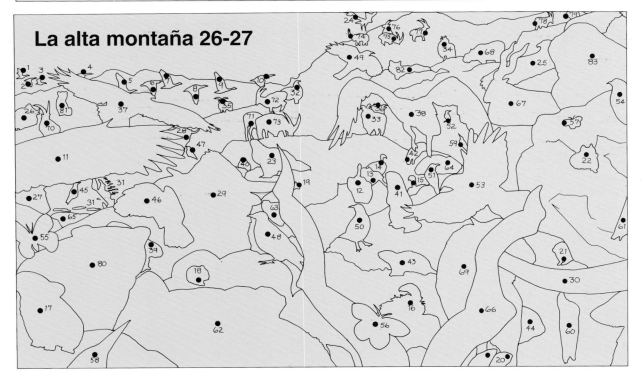

Ganso indio 1 2 3 4 5 6 7 8 9 10
Buitre leonado 11 12 13 14 15 16
Pika siberiana 17 18 19 20 21 22
Quebrantahuesos 23 24 25
Yak 26 27 28 29 30
Huellas del Yeti 31
Tahr himalayo 32 33 34
Bharal 35 36
Águila real 37 38
Marmota 39 40 41 42 43 44
Chova 45 46 47 48 49 50 51 52 53 54
Pavón diurno 55 56 57
Treparriscos 58 59 60 61
Oso negro tibetano 62 63 64
Cabra india 65 66 67
Takin 68 69
Cabra montés del Himalaya 70 71 72 73 74 75 76 77 78 79

Leopardo de las nieves 80 81 82 83

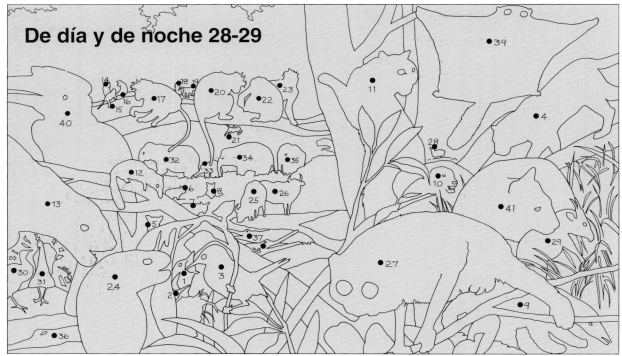

De día y de noche 28-29

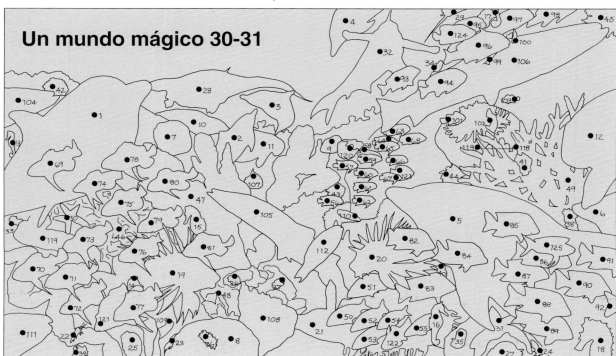

Un mundo mágico 30-31

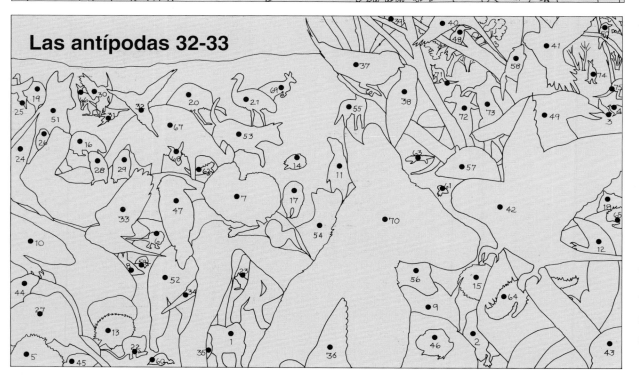

Las antípodas 32-33

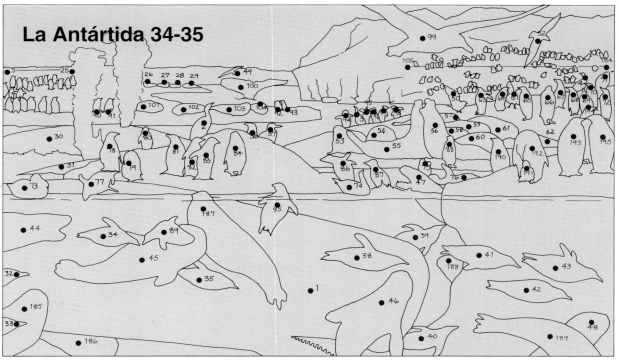

La Antártida 34-35

Cachalote 1
Cormorán de ojo
  azulado 2 3 4
Papúes 5 6 7 8 9
  10 11 12 13 14
  15 16 17 18 19
  20 21 22 23 24
  25
Foca de Ross 26
  27 28 29
Ballena pequeña
  30 31
Pingüino barbijo 32
  33 34 35 36 37
  38 39 40 41 42 43
Foca leopardo 44
  45 46 47 48
Págalo 49 50 51 52
Elefante marino 53
  54 55 56 57 58
  59 60 61 62
Pingüino real 63
  64 65 66 67 68
  69 70 71 72
Petrel gigante 73
  74 75 76
Pingüino de Adelia
  77 78 79 80 81
  82 83 84 85 86
  87 88 89
Pingüino macaroni
  90 91 92 93 94
  95 96 97 98

Albatros viajero 99
Ballena azul 100
Foca cangrejera
  101 102 103 104
Pingüino de
  penacho amarillo
  105 106 107 108
  109 110 111 112
  113 114 115 116
  117 118 119 120
  121 122 123 124
  125 126 127 128
  129 130 131 132
  133 134 135 136
  137 138 139 140
  141 142 143 144
  145 146 147 148
  149 150 151 152
  153 154 155 156
  157 158 159 160
  161 162 163 164
  165 166 167 168
  169 170 171 172
  173 174 175 176
  177 178 179 180
  181 182 183 184
Foca de Weddell
  185 186 187 188
  189
Pingüino
  emperador 190
  191 192 193 194
  195

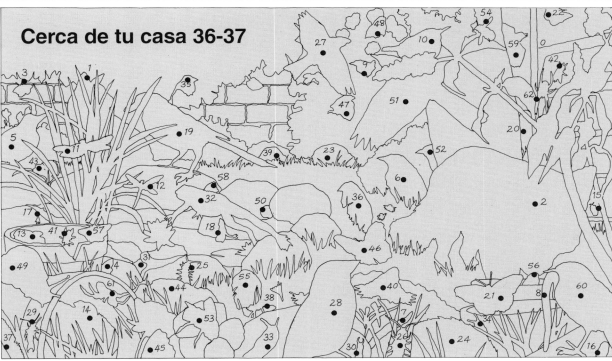

Cerca de tu casa 36-37

Zorro 1 2
Mariposa de la
  col 3 4
Zorzal 5 6
Lombriz 7 8
Chochín 9 10
Libélula 11 12
Ratón de bosque
  13 14
Cochinilla 15 16
Tritón 17 18
Urraca 19 20
Vanesa 21 22
Erizo 23 24
Ciempiés 25 26
Verderón 27 28
Tijereta 29 30
Rana 31 32
Babosa 33 34
Pinzón 35 36
Milpiés 37 38
Topo 39 40
Avispa 41 42
Sapo 43 44
Mariposa pavo
  real 45 46
Camachuelo 47
  48
Caracol 49 50
Mirlo 51 52
Abejorro 53 54

Ratón de campo
  55 56
Ortiguera 57 58
Petirrojo 59 60
Araña de jardín
  61 62

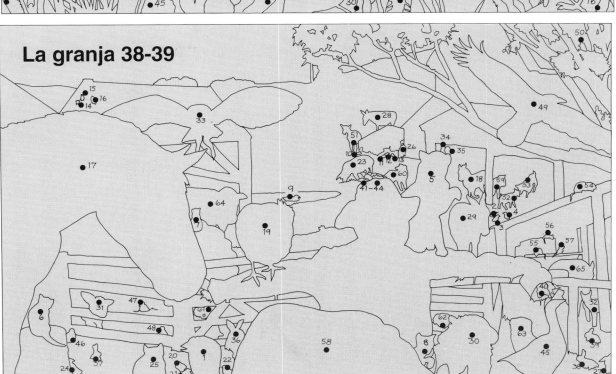

La granja 38-39

Pavo 1
Polluelo de pavo
  2 3 4
Gato 5
Gatito 6 7 8
Pato 9
Patito 10 11 12
  13
Cría de
  murciélago 14
  15
Murciélago 16
Caballo
  percherón 17
Potro percherón
  18
Gallina 19
Pollito 20 21 22
Cerdo 23
Cochinito 24 25
  26 27
Burro 28
Cría de burro 29
Oveja 30
Cordero 31 32
Lechuza 33
Polluelo de
  lechuza 34 35
Conejo 36
Cría de conejo 37
  38 39
Ratón 40

Cría de ratón 41
  42 43 44
Ganso 45
Polluelo de ganso
  46 47 48
Cuervo 49
Cría de cuervo 50
Cabra 51
Cabritillo 52 53
Rata 54
Cría de rata 55
  56 57
Pony de Shetland
  58
Potro de Shetland
  59
Perro pastor 60
Cachorro de
  perro pastor 61
  62 63
Vaca 64
Ternero 65

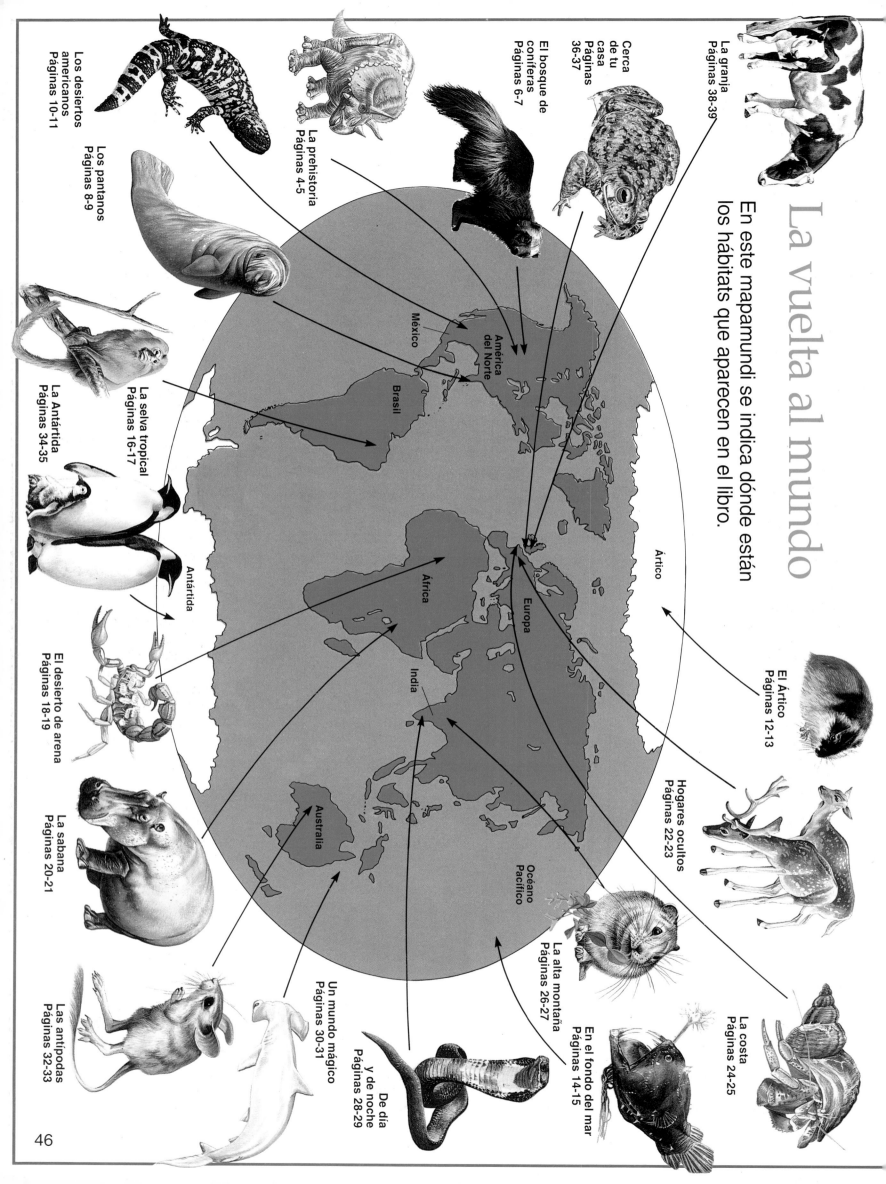

La vuelta al mundo

En este mapamundi se indica dónde están
los hábitats que aparecen en el libro.

México

América
del Norte

Brasil

Antártida

África

Europa

India

Océano
Pacífico

Australia

Ártico

Índice

Los números que figuran al lado de cada animal indican las páginas donde puedes encontrar no sólo el dibujo sino también otros datos sobre el animal.

Copyright © 1994 Usborne Publishing Ltd, Usborne House, 83-85 Saffron Hill,
Londres EC1N 8RT, Gran Bretaña.

Copyright © 1999 Usborne Publishing Ltd en español para todo el mundo.

ISBN: 0 7460 3655 8 (cartoné) ISBN: 0 7460 3656 6 (rústica)

Impreso en España.